BEI GRIN MACHT SICH IHR WISSEN BEZAHLT

- Wir veröffentlichen Ihre Hausarbeit, Bachelor- und Masterarbeit

- Ihr eigenes eBook und Buch - weltweit in allen wichtigen Shops

- Verdienen Sie an jedem Verkauf

Jetzt bei www.GRIN.com hochladen und kostenlos publizieren

Trainingsplanung für eine 39-jährige männliche Person

Bibliografische Information der Deutschen Nationalbibliothek:

Die Deutsche Nationalbibliothek verzeichnet diese Publikation in der Deutschen Nationalbibliografie; detaillierte bibliografische Daten sind im Internet über http://dnb.d-nb.de abrufbar.

ISBN: 9783346824981
Dieses Buch ist auch als E-Book erhältlich.

© GRIN Publishing GmbH
Nymphenburger Straße 86
80636 München

Druck und Bindung: Books on Demand GmbH, Norderstedt Germany
Gedruckt auf säurefreiem Papier aus verantwortungsvollen Quellen

Das Buch bei GRIN: https://www.grin.com/document/1331128

Deutsche Hochschule für
Prävention und Gesundheitsmanagement
Hermann Neuberger Sportschule 3
66123 Saarbrücken

Einsendeaufgabe

Fachmodul: Trainingslehre 1

Studiengang: Sportökonomie

Datum
Präsenzphase: 21.06. - 24.06.2021

Inhaltsverzeichnis

1   Diagnose

Für eine optimale Trainingssteuerung ist eine Diagnose erforderlich, in der mit einem Eingangsgespräch und Eingangstests relevante Ist-Daten des Klienten gesammelt werden, damit Maßnahmen in der Trainingssteuerung vorgenommen werden können. In der folgenden Tabelle werden die allgemeinen und biometrischen Daten des Klienten dargestellt. Anschließend wird ein Krafttest des Trainierenden, in Form eines XRM-Tests durchgeführt.

1.1   Allgemeine und biometrische Daten

Tabelle 1: Dokumentation der allgemeinen und biometrischen Daten (eigene Darstellung)

	Daten	Bewertung
Alter	39 Jahre	
Geschlecht	Männlich	
Körpergröße	178 cm	
Körpergewicht	87 Kg	BMI: 27,46 (87 Kg/ (1,78 x 1,78). Der Klient liegt laut der Beurteilung des Ernährungszustandes durch den Body-Mass-Index (BMI) in Tabelle 3 im Bereich des Übergewichts.
Trainingsmotive	• Gewichtsreduktion • Beseitigung der Schmerzen im unteren Rücken • Kräftigung der Rumpfmuskulatur • Steigerung der Ausdauer	
Berufliche Tätigkeit	Sozialpädagoge	Der Klient übt eine überwiegend sitzende berufliche Tätigkeit aus
Aktuelle sportliche Tätigkeiten	• Pádel-Tennis: 2-3-mal pro Woche für zwei Stunden in der ersten	Der Klient ist mehrmals in der Woche körperlich aktiv und spielt in

	Daten	Bewertung
	Pádel-Tennis Bundesliga	der höchsten deutschen Liga. Padel-Tennis ist in Deutschland eine Randsportart mit aktuell einer Liga, weshalb es an der professionellen Versorgung fehlt. Somit muss der Trainierende selbstständig für die eigene Fitness sorgen.
Frühere sportliche Tätigkeit	• Tennis: im Amateurbereich, ab dem 12. bis zum 20. Lebensjahr (2-mal pro Woche, jeweils zwei Stunde) • Schwimmen: im Amateurbereich, ab dem 6. bis zum 13. Lebensjahr (2-mal pro Woche, jeweils zwei Stunde) • Handball: im Amateurbereich, ab dem 10. bis zum 30. Lebensjahr (3-mal pro Woche, jeweils zwei Stunde)	Der Klient ist seit der Kindheit vielseitig sportlich aktiv und ist vertraut mit Erfahrungen rund um Sport und Spaß an Bewegung.
Zeitlicher Verfügungsrahmen	Zweimal bis dreimal pro Woche, jeweils ca. 60 Minuten	
Orthopädische Probleme	• Schmerzen im unteren Rücken (ärztliche Bescheinigung für Krafttraining liegt vor)	Der Klient hat chronische Rückenschmerzen. Das Rückenleiden wirkt sich jedoch nicht einschränkend auf das Krafttraining aus. Zudem liegt eine ärztliche Bescheinigung für ein Krafttraining vor, um die Rückenmuskulatur zu stärken und Maßnahmen im Training zu ergreifen, die die Rückenschmerzen verringern.
Blutdruck	128 mmHg systolisch zu 84 mmHg diastolisch	Die Blutdruckeinteilung aus Tabelle 2 zeigt, dass der Blutdruck im Normbereich liegt. Somit nimmt der Blutdruck keinen Einfluss auf das Training des Trainierenden.

Der Klient weist einen normalen Blutdruck auf, jedoch ist er durch die Rückenschmerzen und sein Übergewicht leicht eingeschränkt. Da die Schmerzen den Klienten nicht weiter beeinträchtigen und er keine weiteren gesundheitlichen Einschränkungen hat wird er als belastbar und gut trainierbar eingestuft. In der folgenden Tabelle werden die Normwerte des Blutdrucks dargestellt, um den Blutdruck des Klienten bewerten zu können.

Tabelle 2: Blutdruckeinteilung (RKI, 2015, S.3; nach European Society of Hypertension, 2013,)

	Systolischer Blutdruck in mmHg	Diastolischer Blutdruck in mmHg
Optimal	<120	<80
Normal	120-129	80-84
Hochnormal	130-139	85-89
Hypertonie Grad 1	140-159	90-99
Hypertonie Grad 2	160-179	100-109
Hypertonie Grad 3	≥ 180	≥ 110

Erwachsene über 20 Jahren fallen in eine der BMI Klassifikationen, die in der folgenden Tabelle dargestellt werden:

Tabelle 3: Bewertung des Ernährungszustands den Body-mass-index - BMI (WHO, 2021)

BMI	Ernährungszustand
Unter 18,5	Untergewicht
18,5-24,9	Normalgewicht
25.0-29,4	Übergewicht
30,0-34,9	Adipositas 1
35,0-39,9	Adipositas 2
Über 40	Adipositas 3

1.2 Krafttestung

Nach der Diagnose des Klienten, in der die allgemeinen und biometrischen Daten dokumentiert wurden, kann die Krafttestung erfolgen. Der Trainierende ist trotz mehrmaligem Vereinssport pro Woche jedoch wegen seiner geringen Erfahrung im Krafttraining und der Rückenschmerzen als Beginner im Krafttraining einzustufen. Wird der Trainierende zu früh zu hohen Belastungen ausgesetzt steigt das Verletzungsrisiko und die Motivation sinkt, deshalb ist bei dem Klienten zudem ein Mehrwiederholungskrafttest sinnvoll. Bevor die Krafttestung beginnt, erfolgt ein allgemeines Aufwärmen und vor jeder Testübung ein spezifischer Aufwärmsatz, mit 50% der im ersten Testsatz aufgelegten Gewichtslast bei festgelegten 20 Wiederholungen. Das spezielle Aufwärmen bereitet zudem den hyalinen Gelenkknorpel auf die Belastung vor. Das allgemeine Aufwärmen erfolgt durch die Aktivierung des Herz-Kreislauf-Systems mit dem dynamischen Einsatz großer Muskelgruppen, wie das beim Laufen der Fall ist. Der Trainierende wärmt sich für 10 Minuten mit der Belastungsintensität der Herzfrequenz von 121 Schlägen pro Minute auf dem Laufband auf und geht dann zum spezifischen Aufwärmen über. Der Krafttest wird in Form eines Kraftausdauertrainings durchgeführt, da der Trainierende Trainingsanfänger ist und das Ziel Kraftausdauer im Vordergrund steht. Nun kann der Mehrwiederholungstest durchgeführt werden. Bei der X-RM-Testung ist das Ziel die Ermittlung des maximal bewältigbaren Gewichts für eine vorher definierte Wiederholungszahl. Die Wiederholungszahl wird auf 15 festgelegt. Jetzt kann für jede Übung das maximal mögliche Gewicht für 15 Wiederholungen ausgetestet werden. Bei jeder Wiederholung wird mit einem Time under Tension Muster trainiert, bei dem die Wiederholungen zwei Sekunden konzentrisch, ohne statisch haltende Position und zwei Sekunden exzentrisch durchgeführt werden. Die Pause zwischen den einzelnen Sätzen der Übung beträgt drei Minuten. Das Gewicht des Trainierenden wird bei jeder Übung durch die subjektive Einschätzung des Trainers ausgewählt und je nach Belastungsempfinden gesteigert. Folgende Übungen wurden für den X-RM-Test ausgewählt: Kurzhantel-Ausfallschritte, Beinpresse, Brustpresse, Latzug am Kabelzug, Rumpfflexionsmaschine, Rumpfextensionsmaschine und Rudern sitzend am Kabelzug. In folgender Tabelle werden die Ergebnisse des Mehrwiederholungskrafttest dargestellt:

Tabelle 4: Testprotokoll auf Basis des X-RM-Tests (eigene Darstellung)

Testübung	Wdh.	1. Testsatz	2. Testsatz	3.Testsatz	Ergebnis
Kurzhantel-Aus-fallschritt (linkes Bein hinten)	15	5 kg pro Seite	7,5 kg pro Seite	-	7,5 kg pro Seite
Kurzhantel-Aus-fallschritt (rechtes Bein hinten)	15	5 kg pro Seite	7,5 kg pro Seite	-	7,5 kg pro Seite

Testübung	Wdh.	1. Testsatz	2. Testsatz	3.Testsatz	Ergebnis
Beinpresse (sitzend)	15	30 kg	40 kg	50 kg	50 kg
Brustpresse (schräg)	15	30 kg	-	-	30 kg
Latzzug zur Brust (am Kabelzug)	15	15 kg	17,5 kg	-	17,5 kg
Rudern (sitzend am Kabelzug)	15	15 kg	17,5 Kg	20 kg	20 kg
Rumpfextensionsmaschine	15	15 kg	-	-	15kg
Rumpfflexionmaschine (sitzend)	15	5 kg	7,5 kg	-	7,5 kg

Die Testergebnisse dienen der weiteren Trainingssteuerung und zur Orientierung der Trainingsintensität für die verschiedenen Übungen. Die jetzigen Testergebnisse zeigen, mit welchem Gewicht der erste Mesozyklus gestartet werden kann. Nach Ablauf eines Mesozyklus können die Ergebnisse mit einer neuen Krafttestung verglichen werden, um so dem Trainierenden die Veränderung des Kraftzuwachses anhand von Zahlen aufzuzeigen und gleichzeitig die Motivation des Sportlers zu steigern.

Tabelle 5: Grobraster zur Trainingsplanung nach der ILB-Methode (Strack & Eifler, 2005, S.153)

Leistungs-stufe	Zeitstufe (Monate)	Orga. form	Häufig-keit/Woche	Übun-gen/Mus-kelgruppe	Sätze/ Übung	Intensität (%X-RM*)
Orientie-rungsstufe	0-1,5	GK	2	1-2	1-2	Gering
Beginner	1,5-6	GK	2	1-2	1-2	50-60
Geübte	6-12	GK	2-3	1-2	2	60-80
Fortge-schrittene	>12	GK/Split	3-4	1-3	2-3	70-90
Leistungs-trainie-rende	>36	GK/Split	3-6	1-4	2-4	80-100

Da der Klient krafttrainingsunerfahren ist, obwohl er seitdem Kindes-und Jugendalter Vereinssport betrieben hat, wird er als Beginner eingestuft. Durch dieses Grobraster lässt sich nach der Einstufung des Trainierenden die Intensität seines Trainings bestimmen. Somit wird das Training des Klienten mit einer Intensität von 50-60% durchgeführt.

2 Zielsetzung/Prognose

Tabelle 6: Zielsetzung und Begründung der Zielsetzung (eigene Darstellung)

Ziel	Ausmaß	Zeit
Senkung des BMI	Von 27,46 auf 24,3	6 Monate
Senkung des Blutdrucks	Um 8 mmHg systolisch von 128 mmHg auf 120 mmHg systolisch. Und um 6 mmHg diastolisch von 84 mmHg auf 78 mmHg diastolisch.	6 Monate
Kraftsteigerung der Rumpfmuskulatur	Um 20 % bei jeder Übung	6 Monate
Begründung Ziel 1	Der Klient hat einen erhöhten BMI. Der BMI liegt im Bereich des Übergewichts. Das Ziel, den BMI zu senken, soll Folgeerkrankungen durch Übergewicht verhindern, denn vor allem die Adipositas geht mit einem deutlich erhöhten Risiko für chronische degenerative Erkrankungen einher (König, 2017, S.191).	
Begründung Ziel 2	Um den Abstand zur Grenze zum hochnormalen Blutdruck zu vergrößern, ist die Senkung des Blutdrucks erforderlich. Da die Blutdruckwerte noch im Normbereich liegen, kann das Ziel Blutdruck senken auf sechs Monate gezogen werden.	
Begründung Ziel 3	Durch die Kraftsteigerung der Rückenmuskulatur sollen die Rückenschmerzen des Klienten gemildert werden und längerfristig eine schmerzfreie Bewegung ermöglichen.	

3 Trainingsplanung Makrozyklus

Nachdem die Ziele des Klienten festgelegt wurden beginnt nun die Trainingsplanung des Makrozyklus. Der Makrozyklus hat eine Dauer von 26 Wochen und ist in fünf Mesozyklen unterteilt. Die folgende Tabelle stellt den Makrozyklus des Klienten, nach der ILB-Methode dar, die in folgendem Text erläutert wird.

Tabelle 7: Makrozyklus des Klienten nach ILB-Methode (eigene Darstellung)

	Mesozyklus 1	Mesozyklus 2	Mesozyklus 3	Mesozyklus 4	Mesozyklus 5
Dauer:	8 Wochen	6 Wochen	4 Wochen	4 Wochen	6 Wochen
Trainingsziel:	Kraftaus- dauer	Muskelauf- bau (exten- siv)	Maximalkraft (extensiv)	Muskelauf- bau (intensiv	Kraftaus- dauer (inten- siv)
Einheit/Wo- che:	2	2-3	2-3	3	3
Organisations- form:	GK/Circuit	GK/Station	GK/Station	GK/ Circuit	GK/Station
Übungen/Mus- kelgruppe:	1-2	1-2	1-2	1-2	1-2
Sätze/Übung:	2 Circuit Runden	2-3	2-3	3 Circuit Runden	3
Satzpausen:	2-3 Minuten	60 Sekunden	90 Sekunden	2-3 Minuten	60 Sekunden
Wiederholun- gen:	20	12	5	10	15
Intensität:	50-70% ILB	50-70%	50-70%	50-70%	50-70%
Bewegungs- tempo:	2-0-2	2-0-2	2-0-2	2-0-2	2-0-2

Da der Klient durch das Grobraster zur Trainingsplanung in Tabelle 5 als Beginner ein-gestuft wurde, ist die Intensitätssteuerung nach ILB-Schema sinnvoll. Die individuelle Leistungsbild-Methode, kurz ILB, eignet sich besonders für Beginner des Krafttrainings, denn bei Krafttrainingsunerfahrenen wird ein strukturierter Trainingsplan benötigt, um Ziele konsequent zu erreichen. Die Trainingsintensität wird hierbei auf Grundlage eines X-RM-Tests berechnet, also die maximale Last für die Wiederholungszahl, mit der im folgenden Zyklus trainiert werden soll. Somit trainiert der Klient im ersten Mesozyklus mit 50% der Intensität des ILB-Tests. Da die Intensität an die Leistungsstufe angepasst wird, ist deshalb auch ein Maximalkraft- oder Muskelaufbautraining für den Klienten möglich. Ein zu intensives initiales Trainingsprogramm steigert bei Übergewicht und Adipositas das Risiko von Verletzungen und Überbelastung und führt außerdem dazu, dass die Grundlagenausdauer nicht aufgebaut wird (König, 2017, S.197). Die Belastungs-intensität wird nach der ILB-Methode von Trainingswoche zu Trainingswoche oder spä-testens alle zwei Wochen gesteigert, so kann der Reizumfang und die Reizintensität über-schwellig dosiert werden (Thiel, Bernardi, & Hübscher, 2017, S.39). Der Vorgang des

ILB-Tests wiederholt sich zusammen mit der Berechnung der Trainingsgewichte vor jedem neuen Mesozyklus. Weitere Mesozyklen und Trainingseinheiten rufen neue Trainingsreize und Adaptionen dieser hervor. Dies funktioniert nach dem Prinzip der Superkompensation. Es kommt nach einem überschwelligen Trainingsreiz zu einer Ermüdung. Von dieser Ermüdung regeneriert sich der Körper und es kommt zur Superkompensation. Die Belastungshäufigkeit des Trainierenden wurde auf zwei bis drei Trainingseinheiten pro Woche festgelegt, für jeweils 45 bis 60 Minuten, da ihm nur zwei bis drei Tage pro Woche zur Verfügung stehen und neben dem Krafttraining und Vereinssport auf die Regeneration geachtet werden muss. Desweiteren werden Mesozyklen in einem Makrozyklus wiederholt. Denn erst die Wiederholung gleicher oder ähnlicher Reize führt zur Adaption und erst ein ausreichend langer Zeitraum der Erholung sichert die Anpassung (Thiel, Bernardi, & Hübscher, 2017, S.40). Für den Trainierenden wurde zu Beginn und am Ende ein Kraftausdauertraining, sowie ein Stations-, Circuit- und Ganzkörpertraining ausgewählt. Das Ganzkörpertraining soll alle Hauptmuskelgruppen mit ein bis zwei Übungen innerhalb einer Trainingseinheit berücksichtigen und ein Stationstraining die koordinativen Anforderungen geringhalten. Beim Circuittraining sollen unmittelbare Wechsel von Übungen das Herz-Kreislaufsystem stärker beanspruchen. Das Trainingsziel Kraftausdauer soll dem Trainierenden dabei helfen weiterhin das Leistungsniveau im Vereinssport zu halten, sowie auch langfristig zu steigern. Beim Pádel-Tennis, ein Mix aus verschiedenen Rückschlagsportarten wird Kraftfähigkeit sowie Ausdauerfähigkeit benötigt. Das Kraftausdauertraining ist auch für die Rückenschmerzen des Klienten von hoher Bedeutung denn eine verringerte Ausdauerleistungsfähigkeit der Rumpfmuskulatur erhöht das Risiko von Rückenschmerzen und zugleich wirkt gezieltes Muskeltraining den Rückenschmerzen ursächlich und/ oder resultierenden Beobachtungen entgegen (Frech, & Fleckstein, 2018, S. 178). Ein nachvollziehbarer Trainingsplan hebt die Motivation des Trainierenden. Durch das ILB-Schema kann auch ein Krafttrainingsunerfahrener Muskelaufbautraining in Kombination mit Maximalkrafttraining und Kraftausdauertraining durchführen. Diese Variation strebt längerfristig den Ersatz von Körperfett in Muskelmasse an, da hierdurch der Grundenergieumsatz steigt (König, 2017, S.197). Laut König (2017) „sollte daher im optimalen Falle ein kombiniertes Kraft- und Ausdauertrainingsprogramm durchgeführt werden" (S. 197), um Muskelmasse aufzubauen und Fettmasse abzubauen. Zu Beginn wurde ein Mesozyklus in einer Länge von acht Wochen gewählt, dadurch kann sich der Trainierende an das Training gewöhnen und seine Muskeln, Bänder, Sehnen und Knochen an die Belastung anpassen. Der zweite Zyklus ist auf sechs Wochen angesetzt. Es wird hier intensiver trainiert, da bereits Anpassungen stattgefunden haben. Das Maximalkrafttraining wird mit vier Wochen, genauso wie intensives Muskelaufbautraining kurzgehalten, da diese Mesozyklen eine hohe Belastung bedeuten. Außerdem sollte es den Trainierenden nicht überfordern, trotzdem sollten Anpassungen stattfinden. Dies kann mit vier Wochen gewährleistet werden (Wahle, 2009). Der letzte Zyklus dauert sechs Wochen und fokussiert nochmals das Ziel der Kraftausdauer.

4 Trainingsplanung Mesozyklus

Tabelle 8: Darstellung des fünften Mesozyklus (eigene Darstellung)

Mesozyklus:	fünfter Mesozyklus	Trainingsziel:	Kraftausdauer
Einheiten/Woche:	2	Organisationsform:	Ganzkörpertraining/Stationstraining
Übungen/Muskelgruppe:	1-2	Sätze/Übung:	3
Bewegungstempo:	2-0-2	Satzpausen:	60 Sekunden
Zyklusdauer:	6 Wochen	Intensität:	50-70% ILB

Tabelle 9: Detaillierte Darstellung der Intensität, Wochen und Übungen des fünften Mesozyklus (eigene Darstellung)

Übungen	Wdh.	Woche 1 Intensität:50 %	Woche 2 Intensität:50 %	Woche 3 Intensität:60 %	Woche 4 Intensität:60 %	Woche 5 Intensität:70 %	Woche 6 Intensität:70 %
Kurzhantel-Ausfallschritt	15	3,75 kg pro Seite	3,75 kg pro Seite	4,5 kg pro Seite	4,5 kg pro Seite	5,25 kg pro Seite	5,25 kg pro Seite
Beinpresse (sitzend)	15	25 kg	25 kg	30 kg	30 kg	35 kg	35 kg
Brustpresse (schräg)	15	15 kg	15 kg	18 kg	18 kg	21 kg	21 kg
Latzzug zur Brust am Kabelzug	15	8,75 kg	8,75 kg	10,5 kg	10,5 kg	12,25 kg	12,25 kg
Rudern (sitzend	15	10 kg	10 kg	12 kg	12 kg	14 kg	14 kg

Übungen	Wdh.	Woche 1 Intensität:50 %	Woche 2 Intensität:50 %	Woche 3 Intensität:60 %	Woche 4 Intensität:60 %	Woche 5 Intensität:70 %	Woche 6 Intensität:70 %
am Kabelzug)							
Rumpfextensionsmaschine	15	7,5 kg	7,5 kg	9 kg	9 kg	10,5 kg	10,5 kg
Rumpfflexionsmaschine (sitzend)	15	3,75 kg	3,75 kg	4,5 kg	4,5 kg	5,25 kg	5,25 kg

Für die detaillierte Trainingsplanung wurde der fünfte Mesozyklus ausgewählt. Dieser Zyklus wurde in sechs Wochen unterteilt, in dem die Intensität von 50% in der ersten und zweiten Woche, auf 60% in der dritten und vierten Woche und auf 70% in der fünften und sechsten Woche gesteigert wird. Für den Trainierenden wurde ein Ganzkörpertraining gewählt, womit alle großen Muskelgruppen trainiert werden. Der fünfte Mesozyklus stellt ein intensives Kraftausdauertraining dar, denn folgt man König (2017), so „sollten sich durch ein körperliches Aktivitätsprogramm folgende Veränderungen in der Körperkomposition bzw. der Stoffwechselregulation einstellen: Gewichtsreduktion (bei Übergewichtigen/Adipösen initial ca 5-8%, langfristig ca 10-12%) … Verbesserung der Blutdruckeinstellung" (S. 168). Außerdem werden hauptsächlich mehrgelenkige Übungen durchgeführt, denn solche Übungen sind alltagsnah und helfen dem Trainierenden dem Beanspruchungsprofil von Pádel-Tennis gerecht zu werden. Abgeleitet vom Tennis handelt es sich um eine überwiegend azyklische Kurzzeit-Intervallarbeit der gesamten Körpermuskulatur (Ferrauti, Fett, Frytz, Götz, Hanakam, Kittel, et al., 2020, S. 641). Wie zu erkennen ist, führt Person X die Übungen an Maschinen/Geräten aus. Dies hat den Grund, dass der Klient im Krafttraining noch unerfahren ist und somit an geführten Geräten trainieren sollte. Dadurch lernt er den richtigen Bewegungsablauf. Zudem kann am ehesten durch geführte Geräte, wie z.B. an Seilzügen und Hanteln eine gute Dosierbarkeit des Widerstandes und ein Monitoring des Trainingsfortschritts erreicht werden (Thiel, Bernardi, & Hübscher, 2017, S. 27).

Der Trainingsplan startet mit der Übung Kurzhantel-Ausfallschritt, bei der die Muskulatur M. quadriceps femoris, M. glutaeus maximus, M. biceps femoris, M. semimembranosus und M. semitendinosus beansprucht wird. Diese Übung dient der Kräftigung der Knie- und Hüftgelenksstrecker, wobei die Koordination sowie Balance angesprochen werden und ein Ausfallschritt im Pádel-Tennis sowie im Alltag dann kräftiger ausgeführt werden kann, ohne sich zu verletzen. Mit der zweiten Übung, der Beinpresse, wird die Knie und Hüftstreckermuskulatur durch dieselbe Muskulatur wie beim Ausfallschritt gekräftigt. Diese Übung soll zur vollständigen Ermüdung und Kräftigung der unteren Extremitäten führen. Die Übung Brustpresse soll zur Kräftigung der Brust-, Schulter und Armstreckmuskulatur beitragen. Da beim Pádel-Tennis auch die Muskulatur M. pectoralis major, M. deltoideus acromialis, M. deltoideus pars clavicularis und M. triceps brachii gefordert ist und ein Ganzkörpertraining erfolgt, gehört die Brustpresse in den Trainingsplan des Klienten. Der Latzug zur Brust am Kabelzug ist die vierte Übung und Rudern sitzend am Kabelzug die fünfte Übung des Trainingsplans. Die Übung Latzug und das Rudern am Kabelzug kräftigt die Rücken-, Schulter-, und Armbeugemuskulatur. Hierbei wird zusammen mit der nächsten Übung Rumpfextensionsmaschine verstärkt auf das Ziel Kraftsteigerung der Rückenmuskulatur eingegangen. Zudem wird am Kabelzug die Stabilisation der Rumpfmuskulatur trainiert. Die folgende Übung nennt sich Rumpfextension und beansprucht die Muskulatur Mm. erector spinae bzw. die Rumpfstreckmuskulatur. Die letzte Übung wird mit Rumpfflexionsmaschine bezeichnet und ist für die Kräftigung der Bauch und Hüftbeugemuskulkatur zuständig. Die primär beteiligten Muskeln bei dieser Übung sind der M. rectus abdominis, M. obliquus externus und internus abdominis, M. transversus abdominis und M. iliopsoas. Eine verringerte Ausdauerleistungsfähigkeit der Rumpfmuskulatur erhöht das Risiko von Rückenschmerzen. (Frech, & Fleckstein, 2018, S. 178). Multimodale, zielgerichtete Maßnahmen für die Therapie von unspezifischen Rückenschmerzen aus Einheiten zur neuromuskulären und posturalen Kontrolle, Kraft, Rumpfmuskelkoordination und Kraftausdauer im Rumpf-/Rückenbereich, aber auch an den Extremitäten sind von hoher Effektifität (Niederer, Banzer, 2017, S. 280). Das bedeutet, dass die Kraftausdauerfähigkeit der Übungen Latzug, Rudern und Rumpfextension sowie die Übung Rumpfflexion essenziell für die Prävention und Milderung von Rückenschmerzen ist.

5 Literaturrecherche

Tabelle 10: Langfristige Effekte von betreutem körperlichem Training in der Sekundärprävention von Rückenschmerzen

Autor	Irina Maul, Thomas Läubli, Michael Oliveri, Helmut Krueger
Jahr	2005
Forschungsfrage	Welche Langzeiteffekte bietet betreutes körperliches Training in der Sekundärprävention von Rückenschmerzen?
Versuchspersonen	Es wurden 183 Mitarbeiter einer großen Universitätsklinik in die Studie aufgenommen, die mehr als 30 Tage innerhalb der letzten zwölf Monate an Rückenschmerzen (Low-Back-Pain) litten oder 8-30 Tage mit Behinderung bei alltäglichen Aufgaben durch Rückenschmerzen (LBP) litten. Die Teilnehmer waren im Alter zwischen 20 und 55 Jahren. Die Teilnehmer die alle Kriterien erfüllten wurden nach dem Zufallsprinzip entweder der Trainingsgruppe oder Vergleichsgruppe (Rückenschule) zugewiesen.
Versuchsaufbau	Es wurden verschiedene Messungen durchgeführt und die Probanden füllten Fragebögen zu selbst eingeschätzten Schmerzen, Behinderungen und allgemeinem Wohlbefinden vor der Behandlung, unmittelbar nach der Intervention und bei der Nachuntersuchung nach sechs Monaten aus. Bei der Nachuntersuchung nach einem Jahr und nach zehn Jahren, bewerteten die Teilnehmer die Wirksamkeit der Behandlung. Für beide Gruppen umfasste das Kontrollprogramm eine Rückenschule, bestehend aus drei Sitzungen zu je einer Stunde. Das Übungsprogramm für die Trainingsgruppe umfasste die Rückenschule und zusätzlich weitere körperliche Übungen, die auf Konzepten der medizinischen Trainingstherapie und dem Sequenztraining an Norsk-Geräten basierten. Das gesamte Programm dauerte drei Monate und umfasste drei Phasen des individuellen Trainings mit einer Dauer von jeweils vier Wochen. In der ersten Phase besuchten die Probanden einmal pro Woche den Rückenschulkurs und zweimal pro Woche wurde die Trainingstherapie, die dynamische Übungen und kleine Gewichte, umfasste durchgeführt. Jede Sitzung dauerte mindestens eine Stunde lang. In der nächsten Phase wurde das Sequenztraining dreimal pro Woche, für die Ganzkörperkraft mit mindestens 2x15 Wiederholungen pro Übung für jeweils eine Stunde durchgeführt. Die dritte Phase umfasste zweimal pro Woche ein Sequenztraining von jeweils einer Stunde. Jedes Training begann mit einem Aufwärmprogramm und wurde von einem Physiotherapeuten überwacht.
Ergebnisse und Schlussfolgerungen	Das betreute körperliche Training verbesserte signifikant die muskuläre Ausdauer und die isokinetische Kraft während einer sechsmonatigen Nachuntersuchung und verringerte effektiv die selbst eingeschätzten

	Schmerzen und die Behinderung während einer einjährigen Nachunter-suchung. Bei der Nachbeobachtung nach zehn Jahren schätzten die Probanden die Wirksamkeit der Behandlung in der Trainingsgruppe erheblich besser ein.
	Das Bedeutet, dass angeleitetes körperliches Training effektiv die funktionelle Kapazität verbessert und Rückenschmerzen (LBP) und Behinderung bis zu einer einjährigen Nachbeobachtung verringert. Die Einschätzung der Probanden nach zehn Jahren deutet auf ein langfristiges Nutzen des Trainings hin

Tabelle 11: Welche Bedeutung haben physische Leistungssteigerung, Alter, Geschlecht und Trainingsumfang für die Wirksamkeit eines Rückentrainings?

Autor	G. Müller PhD, M. Pfinder, L. Lyssenko, M. Giurgiu, M. Clement, A. Kaiserauer, M. heinzel-Gutenbrunner, K.Bös, T. Kohlmann
Jahr	2019
Forschungsfrage	Welche Bedeutung haben physische Leistungssteigerungen, Alter, Geschlecht und Trainingsumfang für die Wirksamkeit eines multimodalen Rückentrainings?
Versuchsperso-nen	Es durchliefen 1395 Menschen mit Rückenbeschwerden im Durchschnittsalter von 46,9 Jahre, davon 65% Frauen, ein multimodales Rückentrainingsprogramm. Das Rückentraining richtet sich an Versicherte der AOK Baden-Württemberg, denen vom behandelnden Arzt ein Rezept oder eine Präventionsempfehlung aufgrund eines Wirbelsäulensyndroms mit erheblicher Symptomatik ausgesellt wurde. Alle Versicherten, die am Rückentraining zwischen 01.10.2007 und 31.03.2008 teilnahmen wurden zur Evaluationsstudie eingeladen.
Versuchsaufbau	Die Untersuchung wurde im Rahmen einer Multicenterstudie über 24 Monate zur Wirksamkeit eines multimodalen Rückentrainings bei Rückenbeschwerden durchgeführt.
	Das multimodale Rückentraining beinhaltete dynamisches Krafttraining der Rumpfstabilisatoren und der Nackenmuskulatur, funktionsgymnastische Übungen, Stretching und ergonomisches Verhaltenstraining zu Wirbelsäulengerechtem Sitzen sowie Arbeits- und Hebetechniken.
	Vor Beginn des Programms und jeweils nach Basis- und Erhaltungstraining wird eine biomechanische Funktionsanalyse der Wirbelsäule durchgeführt, sowie zu Beginn und nach sechs, zwölf, 18 und 24 Monaten Rückenbeschwerden und physische Leistungsfähigkeit in Kraft, Mobilität und bilateralen Kraftverhältnissen der Wirbelsäulenstabilisierenden Muskulatur gemessen wurden. Die Ergebnisse konnten so mit denen nach der Therapie und nach sechs, zwölf, 18 und 24 Monaten verglichen werden.

	Das Programm eines Halbjahrs für die Probanden umfasste 36 einstündige Trainingseinheiten über 24 Wochen lang. In den ersten 12 Wochen, dem Basistraining wurde zweimal pro Woche trainiert, danach erfolgt das Erhaltungstraining einmal pro Woche.
Ergebnisse und Schlussfolgerungen	Die Teilnehmer steigerten sich im Vergleich zu den alters- und geschlechtsspezifischen Referenzwerten von Menschen ohne Rückenbeschwerden in der Kraft um 28,1%-Punkte, in der Mobilität um 14,7%-Punkte und im Kraftverhältnis um 6,5%-Punkte. Die Rückenbeschwerden reduzierten sich um 37,5%-Punkte. Der Rückgang der Rückenbeschwerden wurde zu 70% durch den Trainingsumfang und zu 30 % durch die physischen Leistungssteigerungen erklärt. Das Geschlecht hatte keine und das Alter nur marginale Auswirkungen auf den Trainingseffekt. Daraus lässt sich ableiten, dass sich die physischen Leistungssteigerungen positiv auf die Reduzierung der Rückenbeschwerden auswirken, jedoch die Anzahl der Trainingseinheiten eine deutlich höhere Relevanz für den Rückgang der Rückenbeschwerden hat.

6 Literaturverzeichnis

Ferrauti, A., Fett, J., Frytz, A., Götz, J.-K., Hanakam, F., Kittel, T., et al. (2020). Trainingswissenschaft in ausgewählten Sportarten. In Prof. Dr. A. Ferrauti (Hrsg.), *Trainingswissenschaft für die Sportpraxis. Lehrbuch für Studium, Ausbildung und Unterricht im Sport* (S. 581- 652). Berlin: Springer-Verlag

König, D. (2017). Bewegung und metabolisches Syndrom. In W. Banzer (Hrsg.), *Körperliche Aktivität und Gesundheit. Präventive und therapeutische Ansätze der Bewegungs- und Sportmedizin* (S. 159-170). Berlin: Springer-Verlag

König, D. (2017). Bewegung, Übergewicht und Adipositas. In W. Banzer (Hrsg.), *Körperliche Aktivität und Gesundheit. Präventive und therapeutische Ansätze der Bewegungs- und Sportmedizin* (S. 189-197). Berlin: Springer-Verlag

Maul, I., Läubli, T., Oliver, M. & Krüger, H. (2005). *Long-term effects of supervised physical training in secondary prevention of low back pain.* (S. 600- 611). Springer-Verlag.

Müller PhD, G., Pfinder, M., Lyssenko, L., Giurgiu, M., Clement, M., Kaiserauer, A., et al. (2019). Welche Bedeutung haben physische leistungssteigerungen, Alter, Geschlecht, und Trainingsumfang für die Wirksamkeit eines Rückentrainings? *Der Schmerz, 33,* 139-146.

Neuhauser H & Sarganas G. (2015). *Hoher Blutdruck: Ein Thema für alle.* Berlin: Robert Koch – Institut (S. 3).

Niederer, D. & Banzer, W. (2017). Bewegung und unspezifische Rückenschmerzen. In W. Banzer (Hrsg.), *Körperliche Aktivität und Gesundheit. Präventive und therapeutische Ansätze der Bewegungs- und Sportmedizin* (S. 275-286). Berlin: Springer-Verlag

Strack, A. & Eifler, C. (2005). The individual lifting performance method (ILP). A practical method for fitness- and recreational strength training. In J. Gießing, M. Fröhlich & P. Preuss (eds.), *Current results of strength training research* (pp. 153-163). Göttingen: Cuvillier.

Thiel, C., Bernardi, A. & Hübscher, M. (2017). Körperliches Training in Prävention und Therapie – Gestaltung uns Effekte. In W. Banzer (Hrsg.), *Körperliche Aktivität und Gesundheit. Präventive und therapeutische Ansätze der Bewegungs- und Sportmedizin* (S. 17-55). Berlin Heidelberg: Springer-Verlag

Wahle, S. (2009). *Optimiertes Krafttraining mit der ILB-Methode.* Hamburg: Books on Demand GmbH.

WHO (2021). *Body Mass Index-BMI*. Zugriff am 02.07.2021. Verfügbar unter https://www.euro.who.int/en/health-topics/disease-prevention/nutrition/a-healthy-lifestyle/body-mass-index-bmi

7 Tabellenverzeichnis